www.tredition.de

AF185451

Feel Me

Aus der Seele, rein ins Herz

Eine persönliche Gedichte-Sammlung

www.tredition.de

© 2019 Feel Me

Verlag und Druck: tredition GmbH, Halenreie 40-44, 22359 Hamburg

ISBN
Paperback: 978-3-7497-2853-4
Hardcover: 978-3-7497-2854-1
e-Book: 978-3-7497-2855-8

Aus der Seele, rein ins Herz

Ich widme dieses Buch allen Menschen, die mich zu diesen Gedichten inspiriert haben. Denen, die mich auf meinem Weg begleitet haben und nach denen ich so viele Jahre gesucht habe. Mein Dank gilt allen Menschen, die mich aufgefangen haben.

Feel Me

Inhaltsverzeichnis

Liebe

Hier ist der

Hier ist der, der dich liebt wie kein anderer Mensch auf der
Welt,
der, der dich braucht, um zu leben, um sich zu freuen, um
glücklich zu sein.

Hier ist der, der für dich durch das Feuer der Hölle gehen
würde,
der, der dir keinen Wunsch verwehrt,
der, der einfach alles für dich tun und geben würde, um
dich nicht zu verlieren und glücklich zu machen.

Hier ist der, der eingesehen hat, dass er große Fehler
gemacht hat,
der, der gemerkt hat, dass er sich ins Schlechte verändert,
der, der dich um Vergebung bittet,
der, der sich um alles in der Welt wieder ändern will, we-
gen dir, weil es ihm leid tut.

Hier ist der, der von dir verlangt, dass du auch einsiehst,
dass du etwas falsch gemacht hast,
der, der will dass es dir leid tut was du getan hast, dass du
dich entschuldigst und veränderst genau wie er selbst.

Hier ist der, der dich einfach nur lieben will, wie früher,
der, der dir seine gesamte Liebe schenken will und deine
als Gegenleistung erwartet,
der, der dich niemals verlieren will, nicht durch streiten
oder durch falsche Freunde.

Hier ist der, der jetzt fast alles gesagt hat, was er sagen
wollte,
der, der nicht mehr viel reden sondern vergessen, verge-
ben und neu anfangen will,
der, der dir schon lange alles verziehen hat und hofft, dass
du ihm auch verzeihen kannst.

Hier ist der, der nicht weiß, ob du ihm glaubst, was er dir
gesteht,
der, der versucht hat dich mit dem was er gerade gesagt
hat zu überzeugen,
der, der hofft dass er dir auch glauben kann.

Hier ist der, der dich zutiefst liebt.

Feel Me
November 1997

Aufrichtig

Lange Zeit war ich alleine,
in Dunkelheit und Einsamkeit gefangen.
In mir regte sich nichts mehr,
alles schien verwelkt und verbraucht.

Dann bist du in mein Leben getreten,
nimmst mich an der Hand,
nimmst mich einfach mit dir mit.
Wo zuvor nichts mehr war,
lässt du alles neu erblühen.
Egal, was alles zuvor war,
erkennst du, wer ich wirklich bin.
Du erfüllst mein Leben mit so viel Wärme und Licht.
Nun fühlt es sich an,
als ob ich auf Wolken wandeln würde,
wenn ich nur an dich denke.

Wie ein warmer Wind legst du dich sanft um mein ge-
schundenes Herz,
küsst es wach, schenkst ihm neues Leben.
Ich lerne mich wieder zu öffnen,
weil du mir Vertrauen zeigst.

Ein Kribbeln durchströmt meinen Körper,
gegen das ich mich nicht wehren kann.
Es reicht, wenn ich nur daran denke,
wie deine zarten Hände mich liebevoll berühren und mich
Dinge spüren lassen,
die ich längst vergessen hatte.

Ich träume von deinen vollen Lippen,
wie Sie die meinen berühren und sich in ihnen verlieren.
Ich wünsche mich in deine Arme,
die mich fühlen lassen, wie sicher ich bei dir bin.

Selbst, wenn du nicht bei mir sein kannst,
spüre ich dich.
Ganz nah an mir,
ganz tief in mir,
in meinem Herzen.

Wenn ich meine Augen schließe,
sehe ich seufzend zu dir auf,
stelle in Frage, ob ich gut genug für dich bin.
Denn kein Lächeln auf dieser Welt
Ist so aufrichtig und ehrlich wie deines.
Denn keine Augen – nur deine strahlenden – können so
zärtlich zeigen,
wie sehr sie lieben.

Ich verliere mich in dir,
in dem was du mir gibst.
Du bist mein Traum,
der wahr wurde.
Ich schenke dir mein Herz,
dass von nun an nur dir gehören soll.

Ich liebe dich.

Feel Me
Unbekannt

Der Vorhang

Die Nacht weitet sich,
wie ein Vorhang der sich öffnet,
gibt sie ein Licht preis,
das bisher verborgen geblieben ist.

Es hielt sich versteckt in der Dunkelheit,
fern ab von dem,
was ihm gefährlich werden könnte.

Es offenbarte sich mir,
vorsichtig und zögernd,
aus Angst benutzt zu werden,
und den Ort zu mögen,
den ich ihm zeigen könnte.

Oft schloss sich der Vorhang der Nacht wieder,
und das Licht verschwand,
um irgendwann wieder zu erscheinen
und mich zu halten,
zu spüren, zu liebkosen.

Gemeinsam leuchtend und verbunden,
getragen von Gefühlen und Sehnsüchten,
aneinander geschmiegt,
den Moment versucht zu halten…

Um dann wieder getrennt zu werden.

Ein besonderes Gefühl treibt mich immer wieder zu die-
sem Licht,
es lässt mich so viel sehen,
das so tief und berauschend ist,
um es jemals in Worte fassen zu können.

Doch strahlt das Licht 1000 Mal heller,
wenn man es sieht,
und sich seiner wahren Schönheit annehmen will.

Eine Verbundenheit spiegelt sich in unserem Tun und
Fühlen,
ein Band zieht uns immer wieder zusammen,
das nicht zu deuten ist.

Doch wünsche ich mir nur,
etwas Besonderes für dieses Licht zu sein,
sein Engel, der es trägt und über es wacht,
über sein helles Strahlen und seine Wärme.

Traurig und doch glücklich sehe ich dem Vorhang der
Nacht zu,
wie er das Licht wieder umschließt,
und ich warte sehnsüchtig,
bis er sich wieder öffnet…

Feel Me
April 2003

Dich spüren

In meinen Träumen suche ich immer nach Dir,
ich strecke meine Hand aus, um Dich zu fassen.
Jede Nacht brauche ich Dich,
ohne Dich kann ich nicht schlafen.

Alles, was ich sehe, alles, was ich spüre,
erinnert mich an Dich.

Denn sanft streicht der Wind über meine nackte Haut,
und ich spüre Deine zarte Berührung in ihm.
Die Sonne küsst mit warmen Strahlen mein Gesicht,
und ich spüre Deine weichen Lippen in ihr.
Kühl tropft der Regen auf meinen heißen Körper,
und ich spüre Deine feuchte Zunge in ihm.

Ich sehne mich nach Dir!
Jeder Teil meines Körpers vermisst Dich so sehr!
Mein Herz schlägt schon schneller,
wenn Du nur in meiner Nähe bist.

Ein Kribbeln durchzuckt meinen Körper,
jeden Moment in dem ich an Dich denke.
Jedes Mal wenn wir uns küssen,
kriege ich eine Gänsehaut,
so schön ist es.

Komm, halt mich fest in Deinen Armen,
damit ich Deine Liebe spüren darf!

Feel Me
April 2002

Ein Licht für mich

Tief in der Nacht wurde ein Schrei geboren.
Es war der Schrei meines Herzens,
der voller Sehnsucht weint.

Er weinte für ein Licht,
das mich retten sollte,
aus dieser Dunkelheit, aus meiner Einsamkeit.

Dieses Licht war meine Hoffnung,
mein Wunsch nach Geborgenheit,
nach einem Menschen, der für mich da sein würde.

Dieser Mensch wurde vor kurzem Wahrheit,
sie wurde in mein Leben geboren,
und sie ist nicht mehr wegzudenken.

Wenn sie mich in den Arm nimmt,
spüre ich ihre Wärme und Liebe,
so zart und leidenschaftlich.

Dieser Mensch ist die Erfüllung meiner Hoffnung,
diesem Menschen gehöre ich,
dieser Mensch bist du, ich liebe dich!

Feel Me
April 2001

Ein Pfand

Der Wind trägt deinen Duft zu mir,
es ist nur ein Traum, du bist nicht hier.

Sehnsucht nach dir umhüllt mein Herz,
jede Sekunde in der du nicht bei mir bist empfinde ich als
Schmerz.

Ich greife nach dir in meinem Traum,
will dich fassen, dich schmecken, will dir vertrauen.

Ich öffne mein Herz wie noch nie zuvor,
fühle die Liebe, die Wärme, steige empor.

Empor zu dir, zudem was du gibst,
um dir zu zeigen wie sehr ich dich lieb.

Du weißt, ich würde alles für dich tun,
will dir mein Leben schenken und dabei niemals ruhen.

Will treu an deiner Seite stehen,
will jeden Weg nur noch mit dir zusammen gehen.

Ich halte deine zarte, weiche Hand,
schenke dir mein schönstes Lächeln als Pfand.

Ein Lächeln das dich erinnern soll an mich,
bis ich dir wieder sage, „ich liebe dich".

Feel Me
April 2004

Eine Liebe

Eine Liebe, die mich überrascht hat.
Eine Liebe, die mich gefangen hat.
Eine Liebe, die mich nicht mehr los lässt.
Eine Liebe, die mich alles andere vergessen lässt.
Eine Liebe, die mir alles gibt, nach dem ich mich sehne.
Eine Liebe, die ich nie mehr missen möchte.
Eine Liebe, die stärker ist als alles andere.
Eine Liebe, die wie die Sonne über meinem Leben
scheint.
Eine Liebe, die ich mir für immer wünsche.

Eine Liebe, nein, DEINE Liebe.

Feel Me
Dezember 2008

Einschlafen

Nachts, wenn ich nicht schlafen kann,
schweifen meine Gedanken immer zu dir.
Ich sehne dich herbei,
um mich geborgen zu fühlen.
Deine zarte Haut zu spüren,
und deinen heißen Atem.
Und in deine großen Augen blicken zu können,
und zu sehen,
neben was für einem bezaubernden Menschen ich ein-
schlafen darf.

Feel Me
Dezember 2001

Gänsehaut

Ich bekomme eine Gänsehaut,
wenn ich deine Nähe spüre, so faszinierst du mich!
Es tut so gut dein Lächeln zu sehen,
es tut so gut dich glücklich zu sehen.
Ein Kribbeln überkommt mich,
wenn mich der Zauberhafte Gedanke streift,
ich könnte ein Grund dafür sein
warum es dir so gut geht.
Ich weiß oft nicht, wie ich reagieren soll,
wenn du mich ansiehst.
Ich möchte dir so viel sagen, dich so sehr liebkosen,
dir wundervolle Gefühle schenken,
meine Gefühle für dich,
ich möchte sie mit dir teilen,
zusammen mit dir genießen.
Die Wärme, die du mit einer Umarmung gibst,
die Zärtlichkeit, die du mir mit einem Kuss schenkst,
lässt mich jeden kurzen Augenblick wie eine Ewigkeit
empfinden.
Ein kurzer Augenblick, für viele nicht existent,
für mich ein Teil meines Lebens
indem ich wirklich lebte
weil ich dich liebte!
Ich wünsche mir noch viele dieser Momente mit dir erle-
ben zu dürfen.
Ich liebe dich!

Feel Me
2001

Gedanken und Gefühle

Ich kämpfe gegen die Sehnsucht,
jeden Tag, jede Minute.
Die Sehnsucht nach dir nagt an mir
Und die Zeit bis ich dich tatsächlich in die Arme schließen kann
verstreicht so langsam und zaghaft.

Nachts träume ich deshalb von dir,
sehe deine wohlgeformten Lippen,
wie sie mich verführerisch anlächeln
und mich zu sich einladen.

So warm und feucht fühlen sie sich an,
wenn sie sich mit den meinen verbinden,
so sanft und begehrend liegen sie aufeinander
und lassen mich alles vergessen,
bis auf dieses Gefühl.

Eng umschlungen halte ich dich in meinen Armen,
küsse deine Stirn zaghaft und doch leidenschaftlich.
Deine Augen sind geschlossen
und dennoch lächelst du glücklich,
weil du mich vor dir siehst,
tief in deiner Seele und deinem Herzen.

Ich schenke dir mein Lächeln und meine Liebe,
Tag für Tag schwöre ich dir treu zu sein
Und nicht aus deinem Leben zu entfliehen.

Ich will gehalten werden,
will dich immer bei mir haben.
Will dir gehören und dir geben,
wonach du verlangst.

Du hast mir verziehen,
wenn ich mich vergessen habe,
du hast mein Herz gehalten,
obwohl ich es dir wegnehmen wollte.

Ich danke dir dafür.
Mit meinem Leben.
Und meiner Liebe.

Feel Me
November 2004

Ich male dich in meine Welt

Wenn ich meine Augen schließe,
sehe ich dich.

Ich male dich in meine Gedanken,
in meine Welt,
da du so weit fort von mir bist,
und ich mich so nach dir sehne.

Traurig und verzweifelt versuche ich dich zu fassen,
dich zu erreichen,
doch verschwimmt dein Bild wieder sanft im Dunkel.

Und doch hast du von mir Besitz ergriffen,
erfüllst mein Leben,
begleitest mich überall hin.

Die Erinnerungen an dich verfolgen mich,
quälen mich vor Sehnsucht,
treiben mich beständig immer wieder zu dir.

Wenn ich meine Augen schließe,
sehe ich dich.

Feel Me
Januar 2004

Ich vermisse dich

Es ist noch nicht lange her, dass wir uns kennen gelernt
haben,
doch es gibt nichts was ich mehr vermisse als dich.
Ich vermisse deine zärtlichen Hände, die so sanft meine
Haut berühren und verführen,
die bei mir ein Kribbeln und eine Gänsehaut auslösen,
und mich spüren lassen was wahre Leidenschaft ist.
Ich vermisse deine warme Haut an die ich mich an-
schmiegen kann,
wenn es mir schlecht geht und ich mich nach Geborgen-
heit sehne.
Ich vermisse deine Lippen,
denn nichts anderes auf der Welt ist in der Lage mich so
zu küssen,
dass mein Körper vor Erregung anfängt zu zittern.
Sie sind so zärtlich und weich, dass ich Gott dafür danke
sie spüren zu dürfen.
Ich vermisse deine Zunge,
die so zärtlich und feucht über meinen heißen Körper glei-
tet und ihn zur Ekstase reizt,
ohne dass ich mich dessen erwehren könnte.
Ich vermisse dein Lächeln,
das mich immer so glücklich macht und meine schlechte
Laune vertreibt,
als ob sie nie da gewesen wäre.
Bringt mein Herz zum Strahlen und lachen,
ich bin so dankbar, dass du mir dein Lächeln schenkst.
Ich vermisse deine Augen, die ein Licht ausstrahlen,
schöner als die Sonne und die Sterne zusammen, das
mich anlächelt und sagt:
Ich bin bei dir, ich scheine für dich, nur für dich, und ich
lasse dich nie allein!
Ich vermisse die Geborgenheit, die du mir schenkst, die
Wärme,
die mich erfüllt und so glücklich macht, dass ich vor Freu-
de weinen möchte,
weil ich derjenige bin, der sie spüren darf.

Ich vermisse deine Zärtlichkeit, die mir zeigt, dass ich es
wert bin berührt zu werden,
und das ich nur dir gehöre.
Ich vermisse den Sex mit dir, der meinen Körper in eine
andere Welt entführt,
der ihn zittern lässt vor Erregung und ihn in eine göttliche
Ekstase versetzt,
die nie aufhören sollte.
Ich vermisse deine Liebe, die mir alles gibt wonach ich
mich sehne, die mich erfüllt,
und mir Frieden gibt.
Sie lässt mich neu leben, schenkt mir mehr, als alles Geld
auf der Welt vermag,
sie umgibt mich, sie schützt mich vor allem Bösen, sie gibt
mir Kraft mich allem zu stellen,
sie entfacht mein Herz, wie es noch nie vorher entfacht
wurde.
Sie lässt mich vor Glück weinen, weil ich sie so genießen
darf.
Oh Babe, ich vermisse dich so sehr, es zerreißt mich in-
nerlich nach dir, ich liebe dich,
wie ich noch nie eine Frau liebte.
Und ich möchte dir alles schenken, dessen ich mächtig
bin, alles,
was mir möglich ist zu geben, weil du alles verdient hast.
Ich lasse dich nie mehr allein, ich werde immer bei dir
bleiben und dir meine Liebe schenken,
so dass du genauso glücklich bist , wie du mich glücklich
machst.
Ich werde dein persönlicher Engel sein, alle deine Gebete
erhören, und sie dir erfüllen.
Ich werde dir zeigen was wahre Liebe ist, dass man sie
nicht nur träumen kann,
sondern auch fühlen, anfassen und spüren, tief in dir, in
deinem meinem Herzen.
Ich liebe dich, ich vermisse dich!

Feel Me
April 2001

Manchmal

Manchmal bin ich einfach nur glücklich,
weil es dich gibt, und weil du zu mir gehörst.

Manchmal fängt mein Körper an zu kribbeln und zu zittern,
er will mich daran erinnern,
wie sehr ich deine Berührungen brauche.

Manchmal fangen meine Augen an zu tränen und zu
brennen,
sie wollen mich daran erinnern,
wie sehr ich dich vermisse.

Manchmal fängt mein Herz an zu stechen und zu schmer-
zen,
es will mich daran erinnern,
dass ich nicht ohne dich leben kann.

Manchmal spüre ich nichts dergleichen,
und ich weiß trotzdem,
wie sehr ich dich liebe!

Feel Me
Mai 2001

Mein Glück

Ein Lächeln huscht über meine Lippen,
wenn ich an dich denke.

Das Glück,
das du mir geschenkt hast,
ist immer noch schwer begreifbar für mich.

Mein ganzer Körper verzehrt sich nach dir,
nach deinen feuchten Lippen,
deinem heißen Atem,
deinem Geschmack und dieser Stimme,
die mir sanft ins Ohr flüstert.

Ich sehne mich danach,
von dir gehalten zu werden,
in deinen Armen zu liegen.

Bei dir fühlt sich mein Herz daheim,
dort will es für immer blieben.

Feel Me
2004

Meine Sehnsucht

Müde und einsam liege ich in meinem Bett,
träume von einem besonderen Menschen,
der in mein Leben getreten ist,
ich träume von dir.

Sanft streift mir der kühle Wind,
der durch das offene Fenster kommt,
um meine nackte Haut,
lässt mich deine zärtlichen Berührungen erahnen,
wie du über meine Haut fährst,
sie liebkost mit so viel Leidenschaft und Zärtlichkeit.

Während meine Augen geschlossen
und meine Gedanken bei dir sind,
fühle ich eine Sehnsucht tief in mir,
meine Sehnsucht nach dir.

Ich wünsche mir deine feuchten Lippen herbei,
wie sie mich verwöhnen,
deinen warmen Körper,
wie er an dem meinen liegt.

Und obwohl du nicht da bist,
ist es so, als ob ich dich spüren könnte.

Ich denke die ganze Zeit immerzu nur an dich…

Feel Me
Juli 2003

Nach dir

Sanft weht der Wind um mein Gesicht,
streichelt mich zärtlich,
während meine Augen geschlossen
und meine Gedanken bei dir sind.

Tief in mir fühle ich dich,
meine Sehnsucht nach dir,
obwohl ich dich noch nie in meinen Armen halten konnte,
noch nie die deinen Lippen auf den meinen fühlen konnte.

Während meine Hände durch das feine Gras fahren,
stelle ich mir deine zarten Hände auf meiner Haut vor,
wie du mich berührst, streichelst,
mich in deinen Armen hältst.

Sehnsüchtig schweifen meine Gedanken an den Tag,
an dem ich dich endlich küssen,
bei dir sein und neben dir geborgen einschlafen darf.

Innerlich kämpfe ich mit mir,
um nicht weinen zu müssen,
weil du so weit von mir fort bist,
weil ich dich nicht immer sehen kann,
wenn ich es möchte.

Und doch hege ich eine ungetrübte Hoffnung,
dass mein Weg mit dem deinen zusammen läuft
und wir ihn gemeinsam beschreiten können.

Ich denke immerzu nur an dich…

Feel Me
Juli 2003

Neuer Wind

Nie wusste ich wirklich,
wo ich stand
und was ich wollte.

Die Vergangenheit brach Tag für Tag über mir zusammen,
verhüllte meinen Geist und schmerzte meine Seele.
Den Glauben an die tiefsten Sehnsüchte,
alles schien mir zu entrinnen.

Wie von einem stürmischen Ozean
Wurde alles von mir gerissen,
alles auf das ich hoffte und baute.
Kälte hüllte sich um mich.
Wie ein dunkler Mantel,
traurig und öde schien die Welt zu sein.

Doch in letzter Zeit gab es manche Momente,
in denen ich die Wahrheit fühlen konnte,
so hell wie das Licht der Sonne,
und so warm wie eine weiche Decke.

Ein neuer Wind kam mit dir,
eine Veränderung, ein neuer Weg.
Die Vergangenheit verschwand,
immer wenn ich in deiner Nähe war.
Nichts kann mir nun noch nahe gehen,
weil ich dich haben darf.

Was du für mich getan hast wird immer in mir sein,
in meinem Herzen und meiner Erinnerung.
Danke für die Wendung,
die du brachtest.
Du nahmst mir meine Angst und wandelst sie in Zuver-
sicht,
in Hoffnung und Freude über das,
was ich durch dich wieder haben darf.

Meine Gedanken begleiten nun dich,
Tag für Tag,
mein Herz hat Angst,
dich missen zu müssen.

Meine Fehler machen mich unsicher,
machen mir Sorge,
nicht gut genug zu sein,
für dich.

Meine Wünsche verbinde ich mit dir,
will dir geben,
was ich im Stande bin,
will dich halten und deine Wärme spüren,
solange ich kann.
Danke, ich hab dich lieb...

Feel Me
Februar 2003

Nichts auf dieser Welt

Es gibt nichts auf dieser Welt,
was ich so sehr vermisse wie dich.

In mir sehnt sich einfach alles nach dir,
nach der Liebe, die du mir zukommen lässt.

Absichtlich schließe ich meine Augen,
nur um dich und dein Lächeln sehen zu können.

Ich blicke in deine zauberhaften Augen,
um mir wieder bewusst zu werden wie sehr ich dich jeden
Moment begehre.

Schon lange spüre ich die Sicherheit in mir,
dass du diejenige bist, auf die ich schon so lange gewartet
habe.

Ich spüre, dass du diejenige bist,
die es schafft mich zu verändern und das Verschüttete zu
wecken.

Du erfüllst jeden Tag meines Lebens mit so vielen Wun-
dern und so viel Schönheit,
dass ich dich nie mehr missen möchte.

Du bist ein Teil von mir geworden,
ein Teil der für mich nicht mehr wegzudenken ist.

Ich will bei dir bleiben,
mein Leben für immer mit deinem verbinden.

Feel Me
April 2004

Nur noch dir

Ich fühle mich,
als ob ich auf Wolken schweben würde,
wenn ich nur an dich denke.

Du scheinst mein Engel zu sein,
denn selbst wenn du nicht bei mir sein kannst,
spüre ich dich ganz nah bei mir,
ganz tief in mir,
in meinem Herzen.

Ein Zucken durchströmt meinen Körper,
wenn ich daran denke,
wie deine zarten Hände liebevoll über meine Haut strei-
chen,
deine Lippen die meinen verwöhnen,
du mich in deinen Armen hältst
und mir dein zauberhaftes Lächeln schenkst.

Wenn ich meine Augen schließe
Und meinen Gefühlen freien Lauf lasse,
sehe ich deine strahlenden Augen,
fühle deine langen Haare,
wie der leichte Wind sie über meine Haut streifen lässt.

Ich sehe dein hübsches Gesicht,
dein strahlendes Lächeln,
das mir so viel bedeutet.

Ich sehne mich so nach dir,
nach der Geborgenheit, die du mir schenken kannst,
nach der Zärtlichkeit die du mich fühlen lässt,
nach dem Glück das ich durch dich empfinden darf.

Ich will dir all meine Leidenschaft schenken,
will dich zum Lachen bringen
und deine süßen Tränen wegküssen,
will für dich da sein
wenn du mich brauchst.

Ich will, dass du glücklich bist,
will auch dein Engel sein,
über dich wachen,
dich beschützen,
immer an deiner Seite sein.

Seit langem hat mein Herz
sich niemandem mehr so geöffnet
wie dir…

Ich will es dir schenken,
will dir vertrauen,
es in deine weichen Hände legen,
mich nur noch dir hingeben.

Ich will an deiner Seite bleiben,
will nur noch dir gehören…

Feel Me
Juli 2003

Sehen

Ich sehe die Welt mit anderen Augen,
ich merke wie schön sie wirklich ist.

Jeden Morgen wenn ich aufstehe,
sehe ich die Sonne strahlen,
ich sehe diese bezaubernden Augen in ihr.

Ich spüre ihre Wärme auf meiner Haut,
ich spüre diese zärtlichen Berührungen in ihr.

Wenn der Wind um meinen Körper weht,
fühle ich diese Küsse auf meiner Haut.
Alles bei mir dreht sich,
ich kriege eine Gänsehaut.

Sanft und verführerisch,
so wie es ist,
legt sich der Wind zart über meine Haut und küsst mich
innig.

Feel Me
April 2001

Tagträume

Bist du nicht bei mir
träume ich dich in meinen Tag.
Ich spüre dich bei mir, in mir,
und doch sehne ich mich nach dir.
Ich suche nach dir,
versuche nach dir zu greifen in meinem Traum,
doch kann ich dich nicht fassen.
Wenn ich meine Augen schließe,
spüre ich deine warmen Lippen auf den meinen,
spüre ich deine Berührungen und deine Wärme.
Ich träume dich in meinen Tag,
küsse sanft deine Stirn
und verschmelze in deinen Armen,
obwohl du so weit fort bist.
Ich trage dich tief in meinem Herzen,
und doch sehne ich dich herbei.
Den Moment, in dem ich dich in meine Arme schließe,
nun bist du bei mir.

Feel Me
10. Februar 2009 (Oktober 2003)

Und so lege ich

Es ruht seit langem ein Gedanke tief in mir,
in meiner Seele, den ich selten ausspreche.

Oft habe ich versucht ihn zu verbannen und zu vergessen,
doch es gelang mir nicht.

Ich wache auf und mir ist kalt,
ich zittere und du gibst mir Hoffnung.

Und so lege ich meine Hände in deine,
schenke dir mein Herz und lasse meine Unsicherheit hin-
ter mir.

Ich vertraue dir, ich hoffe auf dich,
du bist mein einziges Licht, meine einzige Hoffnung.

Es kommt mir vor, als würden wir uns schon ewig kennen.
Es kommt mir vor, als wäre ich schon früher an dich ge-
bunden.

Ich tanze mit dir durch meinen Traum,
sehe mein Universum in deiner Schönheit erstrahlen.

Ich lache, weil ich dich bei mir weiß,
alle meine Wünsche und Pläne scheinen in dir so nahe zu
sein.

Und so lege ich meinen Kopf in deine Arme,
um nur noch dir zu gehören, deines zu sein.

Ich schenke dir mein Schicksal,
schenke dir alles was ich habe,
nur um immer bei dir zu sein.

Feel Me
April 2004

Verborgen im Licht

Wie warme Sonnenstrahlen,
scheint dein Licht auf mich herab.
Ich fühle mich unter dir ergeben,
ehe die Nacht erwacht.

Wie in einem Buch,
liest du in mir,
wann du auch möchtest,
es liegt bei dir.

Durch klares Glas
siehst du in mich hinein,
ich bin offen für dich; verwundbar,
und doch allein.

Sehe ich zu dir,
ist alles verschwommen und versteckt.
Wolken schweben vor mir,
Nebel scheint durch dich erweckt.

Ich versuche dich zu fühlen,
doch ich finde dich nicht.
Kann dich nicht greifen,
du entweichst meiner Sicht.

Mit einer Träne in meinem Auge,
lächle ich dich herzlich an.
Ich küsse sanft deine Stirn,
träume mich an dich heran.

Gespannt warte ich,
dass die Wolken vorbei ziehen.
Dass du runter kommst zu mir,
ich will nicht vor dir knien.

Solange dein Leuchten wie eine Sonne für mich ist,
werde ich mich wärmen, in deinem Licht.
Wird es kalt, wenn du auf mich blickst,
verschwinde ich in der Nacht, fort aus deiner Sicht.

Feel Me
13. August 2008

Mein Herz

Verzweifelt auf der Suche nach Liebe,
sie findend in dir.
Immerzu hoffend, deine Stimme zu hören,
des Nachts in meinem Traum,
deine sanften Berührungen zu spüren.
Sich sehnend,
nach Deiner Geborgenheit und Wärme.
Wie ein Licht der Hoffnung,
weit in der Ferne.
Wissend, in Dir zu finden was ich suchte,
dir meine Liebe schenken zu können,
ohne enttäuscht zu werden.
Dich umarmend,
im Glanze der Freude.
Küssend,
unter den Tränen der Zuneigung.
Liebend,
weil mein Herz es mir sagt.

Feel Me
unbekannt

Zu Zweit

Die Nacht drohte meinen Geist zu ertränken,
in der düsteren Einsamkeit und Langeweile,
und mein Herz war hinter der Mauer kaum noch zu sehen.

Zu häufig wurde gewechselt,
bevor das Innerste sich offenbarte
und ein Trugschluss brannte sich tief in die Gefühle.

Dann kam der Wind,
der die Richtung wechselt,
sanft drehte er sich zu ihr,
die wie ein Engel,
ein Stern,
weit entfernt alleine wartend weilte,
und dem einen Suchenden ein Lächeln schenkte.

Liebevoll kam sie zu ihm,
rein und strahlend,
hielt ihn,
wie er sie liebte
und schenkte ihm,
was er sich ersehnte.

Die Mauer fiel,
langsam und doch beständig,
wie sich das Licht ganz ausbreitete und alles erfüllte.

Gefunden was gesucht worden war,
vergessen was in der Vergangenheit brannte.

Ein neuer Weg,
ein einziger Weg,
bis in die Ewigkeit,
zu zweit...

Feel Me
Februar 2004

Angst und Verlust

Allein

Abends schweigt alles um mich herum.
Ich bin alleine, mit mir und meinen Gedanken.

Ich sehne mich, nach Nähe und Geborgenheit,
fühle mich verlassen und mir selbst ausgeliefert.

Ständig pressen sich meine Ängste in meinen Kopf,
drängen bedingungslos den Wahnsinn in mich.

Ich kämpfe, Tag für Tag,
meinen Kampf gegen mich selbst.

Allein.
Denn keiner kann mir meine Angst nehmen.

Feel Me
Februar 2007

Ausbrechen

Ich bin eingesperrt in meinem Kopf,
gejagt von meinen Gedanken.

Immer wenn es still wird um mich,
ist es am schlimmsten.

Alleine bin ich mir ausgeliefert,
ich kann mich nicht selbst besiegen.

Ich bin krank im Geist,
der Panik nahe.

Gefoltert von meinem Schmerz,
kein Ausweg scheint in Sicht.

Ausbrechen, die Ketten sprengen.
Alles hinter mir lassen und neu beginnen.

Freiheit atmen, nicht mehr denken müssen.
Keine Furcht mehr spüren,
keine schlimmen Gedanken in den Schlaf nehmen.

Ausbrechen, aus mir selbst.
Fliegen, frei von Angst.

Lass mich leben,
bevor ich mich verliere.

Feel Me
Februar 2006

An einen verlorenen Menschen,

jeden Abend schweift mein Blick zum Himmel,
und ich suche dich.

Ich suche meinen Stern,
den du mir versprochen hast,
bevor du gegangen bist.

Es tut gut ihn zu sehen,
wie er leuchtet und strahlt,
er hat so viel von dir.

Doch er kann dich einfach nicht ersetzen,
nichts kann das.

Nichts gibt mir deine Umarmung,
nichts kann so lächeln wie du.

Keine Augen sind so tief,
und keine Antwort so ehrlich.
Es ist so ungerecht,
dass du so früh gegangen bist.

Gerade jetzt wo ich dich so oft brauchen würde,
einfach nur deine Nähe spüren wollte.

Ich habe dir so viel zu erzählen,
aber ich würde es dir so gerne sagen,
wenn ich in deine Augen schauen kann.

Ich sehne mich nach deiner Stärke und Kraft,
die immer auf mich übergriff,
und mich glücklich und zuversichtlich machte.

Ich vermisse dich mehr als alles andere.
Ich sehne mich nach unserem Wiedersehen.

Feel Me
Januar 2001

Die Mauer

Mein Herz klagt und weint,
ist doch meine Hoffnung gegangen.

Zu lange lies ich mich täuschen,
blenden,
von einem falschen Licht,
einem falschen Glauben,
einer falschen Hoffnung.

Erzürnt über meine eigene Naivität,
mein schlechtes Urteilsvermögen,
gedemütigt in meinem Vertrauen,
meiner bedingungslosen Liebe.

Müde des Kämpfens,
des Hoffens,
müde noch einmal alles aufzubauen,
von vorne zu beginnen,
Vertrauen zu gewinnen.

Eine Mauer um mein Herz ist mein Schutz geworden.
Sie hält wacker und weißt jeden Sturm,
aber auch jede Wärme zurück.

Das Opfer ist tragbar,
sagt sie mir,
sind Verletzungen doch ausgeschlossen.

Nichts kann mich dazu bewegen,
die Mauern wieder einzureißen.
Meine Erinnerungen werden mich ewiglich begleiten...

Feel Me
Februar 2003

Dunkel

Es war lange dunkel um mich,
ich fühlte mich so einsam.
Oft sah ich hoch zum Himmel,
und suchte nach einem Stern,
der mir Licht spenden würde.
Einen Stern,
der mir den Weg zeigen würde,
aus der Einsamkeit.
Und jetzt leuchtet er für mich,
und wärmt mein Herz.
Ich trage ihn immer bei mir,
er gibt mir die Kraft und Hoffnung,
die ich brauche.
Solange dieser Stern an meiner Seite ist,
kann ich wieder glücklich sein,
und leben... Danke!

Feel Me
Dezember 2001

Es wird heller

In mir war es tiefe Nacht,
nur dunkel, nur schwarz,
eine düstere Leere nahm mir meine Kraft.

In mir weinte ein verzweifelter Schrei,
einsam und verlassen,
wünschte sich sehnlichst ein Licht herbei.

In mir wuchs ein Begehren,
voller Leidenschaft und Verzweiflung,
sich nach einer Erfüllung plagend selbst verzehrend.

In mir wurde ein Stern geboren,
anfangs klein und zart,
doch sein Licht wurde zu meiner Hoffnung erkoren.

In mir wurde es heller,
immer mehr, immer schneller,
und ich danke dir, mein Stern, dafür.

Feel Me
April 2001

Flucht

Dunkelheit umschlingt mich,
wenn es still um mich wird.

Schatten legen sich um mich,
verdecken meine Sicht auf alles andere.

Sie regieren mich, ganz tief in meinem Selbst,
lassen keinen Tag verstreichen, ohne mich zu fordern.

Ich bin ihnen ausgeliefert,
immer wenn ich alleine mit mir bin.

Wenn meine Gedanken auf mich fixiert sind,
offenbart sich meine Schwäche.

Ich fliehe vor mir selbst,
nur um nicht wahnsinnig zu werden.

Feel Me
Februar 2006

Gefangen

Wenn ich mich nachts nieder lege,
und es still um mich wird,
höre ich meine Angst,
wie sie zu mir spricht.

Sie flüstert ihr Gift in meinen Kopf,
meine Gedanken,
unablässig und gnadenlos.

Sie lässt mich nicht gehen,
regiert die Dunkelheit in meiner Einsamkeit.

Ich kämpfe jede Nacht gegen mich selbst,
versuche zu fliehen,
vor mir selbst.

Doch mein Geist scheint nicht mehr frei zu sein,
gefangen in meinem Alptraum
für ein Leben lang.

Feel Me
unbekannt

Lärm

Ich mag den Lärm, der den Tag begleitet.
Er erfasst mich, und lässt mich nicht alleine.

Treibend, die Zeit vergeht so schnell,
ohne dass ich mir ihrer bewusst bin.

Sobald jedoch die Stimmen versiegen,
und die Ruhe Einzug hält,
bin ich mit mir alleine.

Allein mit meiner Angst,
die allgegenwärtig in meinem Kopf regiert.

Unverdrängbar, unbezwingbar hat sie sich eingenistet,
in meinem selbst und herrscht.

Ich finde keinen Weg, sie hinter mir zu lassen,
nur der Lärm des Alltags hilft.

Und so sehne ich mich nach all dem,
was mich von mir selbst entfernt.

Feel Me
Februar 2007

Mein Verlust

Es ist jetzt schon lange her,
dass ich euch das letzte Mal gesehen habe.
Ich vermisse euch,
und ich habe euch so viel zu sagen.
Es schmerzt mich so,
euch nicht mehr in meine Arme schließen zu können.
So oft frage ich mich,
ob ich genug Zeit mit euch verbracht habe.
Oft frage ich mich,
ob ich euch nicht mehr hätte geben können.
Ich wünschte ich könnte mit euch lachen,
euch sagen was mich bedrückt.
Einfach nur in eure Augen sehen und spüren dürfen,
dass ich geliebt werde.
Ich freue mich auf den Tag,
an dem wir uns wiedersehen.

Feel Me
13. Dezember 2001

Meine Gabe

Ihr Lächeln ist der Dank.
Ihr Blick sagt mir, dass es gut war.
Ich kann ihnen zuhören,
sie verstehen.

Ich kann aus ihren Gesichtern,
aus jeder ihrer Bewegungen und Reaktionen lesen,
wie aus einem Buch.

Ich kenne sie,
auch wenn sie nichts von sich erzählen.
Ich weiß, was sie bedrückt,
womit sie ihren Kampf kämpfen.

Ich kann sie nachdenklich machen,
sie aufwecken aus ihrem Schlaf.
Ich kann ihnen die Augen öffnen,
ich kann ihnen Wahrheiten zeigen.

Ich sehe Dinge, die sie nicht sehen,
verstehe Dinge, die sie nicht verstehen können.
Ich kenne Wege, kann Hoffnung geben,
wo sie selbst für sich keine finden.

Ich habe die Gabe, andere Menschen zu bewegen,
sie zu wecken und zu verändern.
Ich gebe Hoffnung,
von ganzem Herzen.

Dies ist meine Bestimmung,
für sie da zu sein.
Ich bin so stark,
und doch so schwach.

Ich kann mir selbst nicht helfen.
Ich behalte keine Hoffnung für mich selbst.

Feel Me
unbekannt

Sometimes

Sometimes everything comes different
As you ever expected
Sometimes everything life can bear
Crushes down on you
Sometimes it comes harder
And it hurts so much
Sometimes all your power and faith
Get lost in the twilight of your destiny
Sometimes all you believed in
Turns grey and seep into the ground
Sometimes a betrayal conquers your castle
Bungle your life and everything within
Sometimes all your trust is for nothing
No way opens to understand it
Sometimes there is no acceptance
Don't even try to search for it
Sometimes there is no truth in it
Only lies surrounding you
Sometimes your feelings fool you
Darkness and coldness around your heart
Sometimes no one can help you
But it's insignificant
Sometimes you need to recover
To find your faith and your destiny
Sometimes you need to follow yourself
to find a way out
Sometimes... what to do? Don't care about you.

Feel Me
Oktober 2003

Stern in der Nacht

Ich war allein in der Nacht,
einsam, verlassen und leer.
Auf einmal erschien ein Stern,
der meiner Dunkelheit ein Licht schenkte.

Dieser Stern folgte mir wo immer ich hinging,
er begleitete mich auf meinem Weg und lässt mich nicht
allein.

Er schenkt mir Hoffnung und Geborgenheit,
tröstet mich, wenn es mir schlecht geht.

Er verführt mich mit seiner Schönheit,
er bringt mich zum Lächeln, wenn ich traurig bin.

Dieser Stern ist mein Stern, ich gebe ihn nie wieder her,
ich gehöre diesem Stern, ich schenke ihm mein Leben.

Dieser Stern, den ich liebe,
dieser Stern, der mich liebt,
dieser Stern bist du!

Danke, dass du nur für mich leuchtest!

Feel Me
April 2001

Verwelkt

Ich versuchte zu blühen,
alle meine Blätter zu entfalten
und zu leuchten und zu strahlen,
wie ich es noch nie zuvor getan habe.

Die Sonne schien mir zu,
stärkte mein Vorhaben und lies mich wachsen und glück-
lich sein.
Der schöne blaue Himmel gab mir Zuversicht.

Alles war so perfekt,
ich fühlte mich so wohl.
Niemand konnte mich, uns aufhalten,
mein Glaube und unsere Liebe waren zu stark.

Doch dann verdunkelte sich der Himmel,
Regen prasselte nieder, die Sonne versiegte kläglich.
Alles ging so schnell und doch so langsam,
ein kalter Wind kündigte es an,
dann ein starker Windstoß und meine Hoffnung,
mein Glaube, meine Zuversicht verschwand
mit den Strahlen der Sonne und dem blauen Himmel.

Schmerzlich fielen meine Blüten auf die nasse, kalte Erde,
meine Tränen mischten sich mit ihr.
Langsam bogen sich meine Arme zum Boden,
ich knickte ein und meine Krone schlug hart auf.

In mir war alles zerstört,
ich verwelkte nach außen hin,
ich hatte keinen Schutz.

Während ich so da lag
Konnte ich beobachten,
wie du deinen Standort einfach wechseltest,
da hin,
wo doch noch Licht hinfiel.

Die schwachen Sonnenstrahlen waren nicht sehr warm,
und nicht so hell,
aber sie langten dir zum Blühen.

Mir wurde bewusst, dass ich alleine war,
alleine auf dem kalten Boden,
alleine in der Dunkelheit,
konnte mich nicht aus eigener Kraft wieder aufrichten.

Die Enttäuschung drückte jeden meiner Versuche wieder
zu Boden,
und so lag ich da,
und ich tue es noch immer...

Feel Me
Februar 2003

Wechsel

Sanft bricht das Sonnenlicht durch meine Vorhänge.
Müde und innerlich schwach liege ich auf meinem Bett,
meine Gedanken beschäftigen mich,
fühlen sich aber so leer an.

Manchmal,
nur für kurze Zeit,
blickt mein Geist zurück zu dir,
denkt,
was du wohl gerade machen würdest.

Traurig sind die Gefühle,
die ich damit verbinde,
dich "Mein" nennen zu können.

Dumm und naiv erscheine ich mir in meinen Träumen,
verlassen und einsam fühle ich mich nun.

Allein,
die Hoffnung erschöpft.
Die Sonne wandert,
in meinem Zimmer wird es wieder dunkel.

Feel Me
Februar 2003

Gedankenleben

Bekommen

Eine Ohrfeige bekommen,
ja und, hat jeder Mal,
eine Standpauke,
ist manchmal ganz lustig,
einen Korb, eine Absage,
kann man alles überleben,
eine Blume bekommen,
ist so schön,
einen Kuss,
besonders der Erste,
eine Umarmung,
tut oft gut,
Vertrauen bekommen,
ein seltenes Kompliment,
Verständnis,
für mich eigentlich uninteressant,
ein Tempo,
Rettung in letzter Not,
ein Baby,
verändert alles,
neue Freunde,
kann man immer gut gebrauchen,
eine Arbeit bekommen,
sehr wichtig heutzutage,
sein Geld,
braucht man um zu leben,
Liebe,...
tut unheimlich gut.

Feel Me
Oktober 1998

Besondere Menschen

Manchmal wenn man viel Glück hat,
trifft man während seines Lebens auf einen besonderen
Menschen.
Ein besonderer Mensch ist anders wie alle anderen,
tiefgründiger und er versteht.
Man merkt es sehr schnell,
wenn man so einem Menschen begegnet,
sind sie doch in ihrer Erscheinung und Ausstrahlung,
in ihrer Stimme und Art so anders.
Der Wind flüstert es,
man fühlt es unverkennbar,
wie eine warme Decke der Geborgenheit.
Er wird dir eine Freundschaft danken,
wird merken, was du tust.
Er wird dich verstehen, dich stützen,
wo andere schon längst verschwunden sind.
Er wird warten auf dich,
deinen Platz besetzen.
Er wird für dich da sein,
an deiner Seite, egal wann und wie.
Ein besonderer Mensch schafft es,
dass du dich sicher und wohl fühlst,
auch wenn sich alles um dich herum dreht und verläuft.
Welch ein Glück für denjenigen,
der einem solchen Menschen begegnet.
Gott muss mich lieben,
wird er mir eines Tages einen solchen Menschen schen-
ken.

Feel Me
Oktober 2003

Dankbarkeit

Ich bin dankbar,
dass ihr da wart,
wo es mir am schlechtesten ging.

Ihr wart mir ein Fels,
als ich verloren im Meer schwamm.

Ihr gabt mir Kraft,
als ich selbst keine mehr für mich hatte.

Hoffnung hattet ihr für mich,
wo ich selbst keine sehen konnte.

Ihr habt mich hochgezogen,
mir beigestanden.

Durch euch bin ich heute hier,
und ich bin dankbar dafür.

Feel Me
Februar 2007

Danke

Danke dafür, dass die Sonne auf meinen Weg scheint,
dass sie die Dunkelheit vertreibt.
Danke dafür, dass sie sagt:
Wage dich nach vorne.

Danke dafür, dass die Vögel für mich singen,
dass sie meine Mauern fallen lassen.
Danke dafür, dass sie sagen:
Öffne dein Herz aufs Neue.

Danke dafür, dass die Blumen sich in meine Richtung
drehen,
dass sie meine Schmerzen fortlächeln.
Danke dafür, dass sie sagen:
Lerne neu zu blühen.

Danke dafür, dass der Wind sanft über meine Augen weht,
dass er meine Tränen aus dem Gesicht streicht.
Danke dafür, dass er sagt:
Du hast ein Recht glücklich zu sein.

Danke dafür, dass die Sterne mich anlächeln,
dass sie mein Herz strahlen lassen.
Danke dafür, dass sie sagen:
Strahle wie wir es tun.

Danke dafür, dass ich das Leben wieder sehe,
dass es mich wieder erfüllt.
Danke dafür, dass ich sagen darf:
Ich liebe dich!

Feel Me
2001

Das Gelernte

Ich habe den Tod besiegt,
und dennoch jagen mich seine Schatten.

Ich habe gelernt zu kämpfen,
und doch bin ich nicht stark genug für mich selbst.

Ich habe gelernt Schwäche einzugestehen,
und doch kann ich mit meiner Schwäche nicht leben.

Ich habe gelernt Furcht und Angst zu bezwingen,
und dennoch sind sie mein größter Feind.

Ich habe gelernt zu hoffen,
und doch habe ich keine Hoffnung für mich selbst.

Ich habe gelernt ehrlich zu mir zu sein,
und dennoch geht es mir jetzt nicht besser.

Feel Me
Februar 2006

Ein wenig Glauben

Wenn die Straße dunkel wird,
und du nicht länger sehen kannst.

Wenn die Tränen, die du weinst,
alles sind, woran du glaubst.

Wenn das Schicksal dich stumm macht,
und du nicht mehr sprechen willst.

Wenn du an einem Abgrund stehst,
riskiere es dich umzudrehen.

Sieh mich an, sieh mir in die Augen.

Alles was du tun musst,
ist ein wenig Glauben in mich zu haben...

Feel Me
Februar 2003

Ehe

Liebe ist etwas ganz Besonderes.

Liebe ist ein Geschenk, das man erhalten kann.

Liebe ist eine Gabe, die man verschenken kann.

Und was man verschenkt, bleibt einem ewig.

Wahre Liebe ist, wenn selbst der süßeste Traum nicht so schön ist, wie die Realität.

Ich wünsche euch zwei von ganzem Herzen, dass eure Liebe ewiglich sein wird.

Ich wünsche euch, dass eure Ehe schöner sein wird, wie der süßeste Traum.

Feel Me
06. August 2005

Staunen und Zweifeln

Ich staune über die Welt, ihre Größe und Vielfalt,
doch ich zweifle daran, dass das alles ist.
Ich staune über so viele einzigartige Lebewesen,
doch ich zweifle daran,
dass sie sich jemals nach ihrem Willen entfalten können.
Ich staune über die Natur und ihre Schönheit,
doch ich zweifle an ihrer Beständigkeit.
Ich staune über die heutige Jugend,
was sie sich traut und wie sie dazu steht,
doch ich zweifle daran, dass sie toleriert,
akzeptiert und respektiert wird.
Ich staune über ältere Menschen,
die immer noch wie ein Kind sein können,
doch ich zweifle daran,
dass mehr als einer von hundert so ist.
Ich staune über die Schönheit der Planeten und Sterne
am Himmel,
doch ich zweifle daran,
dass wir sie jemals näher zu Gesicht bekommen werden.
Ich staune über meine positiven Fähigkeiten und Eigen-
schaften,
doch ich zweifle daran,
dass sie mir ein gutes, sicheres Leben ermöglichen.
Ich staune über den allmächtigen Gott und seine Wunder,
doch ich zweifle an der Kirche und der Bibel,
und daran, dass die Menschen Gottes Wunder in ihrer
Realität noch wahrnehmen.
Ich staune über meine Fähigkeit,
ein langes Leben zu führen,
doch ich zweifle daran, es voll ausschöpfen zu können.
Ich staune über das wundervolle, vielseitige Leben,
doch ich zweifle daran,
mich jemals darin zu Recht zu finden.
Ich staune über die zauberhafte Art der ehrlichen Liebe,
die sich ungeahnte Bahnen brechen kann,
doch ich zweifle daran,
dass sie den Lauf der Zeit übersteht.

Ich staune über die Hoffnung und Zuversicht durch Frie-
den und Freiheit,
doch ich zweifle daran,
dass sie jeder erfahren und spüren wird.
Ich staune darüber, dass ich zweifeln kann,
doch ich zweifle daran,
wirklich noch staunen zu können.

Feel Me
Oktober 1998

Warum

Warum ist das Leben so hart zu einem?
Warum straft es dich jeden Tag für Tag?
Warum lässt es dich leiden, warum bringt es dir nur Un-
glück?
Gibt es niemanden auf der Welt, der zu einem hält?
Gibt es nicht vielleicht doch jemanden, der dich wirklich
liebt, es dir zeigt, dich fühlen lässt, für dich da ist, wenn du
ihn oder sie brauchst?
Gibt es diese Person nicht?
Warum können wir nicht alles überspielen?
Warum müssen manche mehr leiden als andere?
Warum gibt es niemanden der dich versteht?
Niemanden, der es schafft in dein Herz zu sehen?
Niemanden, der es schafft in deine Seele zu sehen?
Jemanden, der versucht, sie nicht zu verletzen, sondern
sie glücklich zu machen?
Warum sind alle Menschen so blind?
Warum wollen sie nicht sehen?
Warum sind sie kalt und rücksichtslos?
Warum will niemand besser sein als alle anderen?
Warum gibt es niemanden, der nicht aufhören will dich zu
lieben?
Warum ist Liebe nicht von Dauer?
Warum kannst nur du unendlich lieben?
Ist das Leben fair so wie es ist?
Ist es?
Aber warum sehe ich nicht, dass es auf dieser Welt viele
gibt, denen es schlechter geht?
Warum bin ich ein Egoist?
Warum ist alles so wie es ist?
Warum?

Feel Me
2001

Was ist es?

Jeder wünscht sich,
er könnte es haben.
Jeder wünscht sich,
er könnte es spüren.
Jeder wünscht sich,
dass es nie enttäuscht wird.

Es ist wie eine samtweiche Decke,
die sich um dich hüllt,
dir Wärme und Geborgenheit schenkt.

Es ist ein sanfter Windhauch,
wenn um dich herum ein kalter Sturm tobt.

Es lässt dich ruhig schlafen,
und beschützt dich vor schlimmen Träumen.

Es gibt dir Halt,
wenn es dir schlecht geht,
und beschützt dich vor traurigen Sorgen.

Es verändert dein Leben ungemein,
es lässt die Sonne ewig scheinen.

Es lässt dich frei sein wie ein Vogel,
lässt dich fliegen ohne Angst zu haben,
dass du fällst.

Wenn man es einmal hat,
will man es niemals wieder verlieren.
Wenn es einmal aufgebaut ist,
muss es gepflegt werden.
Wenn es einmal stark ist,
müssen zwei jeden Tag dafür kämpfen.

Es ist oft schwer es zu bekommen,
doch durch die Liebe ist es möglich.

Ich will deines,
du willst meines.
Streck deine Hand noch etwas weiter aus,
damit ich es fassen kann.

Was ist es?

VERTRAUEN

Feel Me
Juli 2001

Welt

Jeden Morgen scheint die Sonne in mein Gesicht,
ihre Wärme berührt meine Haut und küsst sie leiden-
schaftlich.

Der Wind fährt durch meine Haare,
und streichelt zärtlich meinen Körper.

Das Gras kitzelt sanft meine Fingerkuppen,
und macht mir eine Gänsehaut.

Die Vögel singen ihr Lied für mich,
von Liebe und Leidenschaft.

Hallo Welt.

Feel Me
April 2001

Zu mir selbst

Oft frage ich mich,
was mit mir nicht stimmt.

Mein Verlangen nach wahrer Liebe,
meine Opferbereitschaft hierfür,
das Schlagen meines Herzens und meine Hoffnung
sind Zeichen für mein ehrliches Anliegen.

Doch spielen mir meine Gefühle so oft einen Streich,
lassen mich falsch hoffen,
leiten mich in die falsche Richtung.

Zu wenig schlage ich den Weg meines eigenen Herzens
ein,
zu viel höre ich auf ein anderes.

Verzweiflung sickert durch meinen Geist,
meine Seele fühlt sich überfordert.

Gefühlschaos ist alltäglich.

Meinen Weg zu finden,
scheint die einzige Lösung.

Langsam beginne ich meinen ersten Schritt,
langsam mache ich mich auf den Weg,
den Weg zu mir selbst... und zu dir.

Feel Me
Februar 2003

Besonderes / Interpretationen

Geschrei

Düster ist es in ihm drin,
düster ist es um ihn rum.
Allein verlassen steht er da,
alles um ihn ist nicht mehr klar.
Die Welt verschwimmt für ihn,
um ihn, mit ihm,
kein Ausweg scheint ihm offenbar.
Niemand will ihn sehn noch hörn,
es zerfrisst ihn innerlich,
doch niemand stört's.
Weit aufgerissen ist sein Mund,
es darf nicht weiter in ihm sitzen,
der Schrei der Schmerzen muss nun raus,
mit ihm hält er es nicht mehr aus.
Nicht mächtig, was die Welt von ihm verlangt,
sein Kopf zerspringt,
seine Seele ist krank,
er ist allein mit seinem Schrei,
wird er es schaffen oder ist es vorbei.
Sein Schrei tönt schwer durch die tiefe Nacht,
sein Gewissen hat ihn ausgelacht.
Er weiß nicht mehr ein,
noch weiß er aus,
seine Seele würd' am liebsten aus ihm raus,
er vernimmt Stimmen die laut ihn verspotten,
wie gern würd' er sich vor ihnen verschotten.
Seine Seele schreit und weint,
wer ist es nur sein schlimmer Feind.

Feel Me
2000

Psalm

Der Schleier der Unwissenheit liegt über einer Welt, die gezeichnet ist von nichts wissenden Menschen.

Es gibt nur wenige, die den Schleier durchdrungen haben, und zu Menschen geworden sind, die dem Herrn viel Freude bereiten, und die er mit seiner grenzenlosen Weisheit belohnt.

Die, die verloren sind in der Dunkelheit, ohne Hoffnung auf eigene Rettung, die, die das Höhere nicht verstehen und nichts kennen als ihre Vorurteile, die, die noch wandeln in der Finsternis, sie sollen das Licht sehen.

Feel Me
1998

Zeitfracht Medien GmbH
Ferdinand-Jühlke-Straße 7
99095 Erfurt, Deutschland
produktsicherheit@kolibri360.de